DE L'UTILITÉ DE FONDER DES SOCIÉTÉS DE SECOURS MUTUELS DANS LES CAMPAGNES

Organisation des Sociétés de Secours Mutuels. -- Leurs Fondations.
Leurs Développements. -- Leurs Buts.

NOTICES

SUR

L'Orphelinat. — Le Dispensaire. — L'Union Générale.
Le Syndicat Consultatif
Le Syndicat Pharmaceutique des Sociétés de Secours mutuels.

DE LA VILLE D'ANGERS

PAR

Lucien BAIN

Greffier de la Justice de paix du canton nord-ouest d'Angers,
Fondateur-Président de la Société de Secours Mutuels l'*Union de Beaucouzé*,
Membre du Syndicat consultatif des Sociétés de Secours Mutuels
de la Ville d'Angers.

Prix : 2 Francs

PARIS
GUILLAUMIN ET Cie, ÉDITEURS
14, RUE DE RICHELIEU

1897

DE L'UTILITÉ DE FONDER

DES

SOCIÉTÉS DE SECOURS MUTUELS

DANS LES CAMPAGNES

ANGERS, IMP. DE A. BURDIN, 4, RUE GARNIER.

DE L'UTILITÉ DE FONDER
DES
SOCIÉTÉS DE SECOURS MUTUELS
DANS LES CAMPAGNES

Organisation des Sociétés de Secours Mutuels. -- Leurs Fondations. Leurs Développements. -- Leurs Buts.

NOTICES
SUR

L'Orphelinat. — Le Dispensaire. — L'Union Générale. Le Syndicat Consultatif. Le Syndicat Pharmaceutique des Sociétés de Secours mutuels.

DE LA VILLE D'ANGERS

PAR

Lucien BAIN

Greffier de la Justice de paix du canton nord-ouest d'Angers,
Fondateur-Président de la Société de Secours Mutuels l'*Union de Beaucouzé*,
Membre du Syndicat consultatif des Sociétés de Secours Mutuels
de la Ville d'Angers.

Prix : 2 Francs

PARIS
GUILLAUMIN ET Cie, ÉDITEURS
14, RUE DE RICHELIEU

1897

Monsieur,

Vous me faites extrêmement plaisir et honneur en m'associant à votre désir de voir s'étendre aux populations rurales les bienfaits de la Mutualité, dont les centres industriels avaient, jusqu'alors, à peu près seuls bénéficié, grâce à la création de sociétés de secours de toute nature, sociétés dues à l'initiative des esprits les plus éclairés et les plus dévoués d'entre les travailleurs des villes.

Hier encore, on n'admettait guère que les populations des campagnes eussent des besoins analogues à ceux des habitants des villes; mais aujourd'hui, les esprits clairvoyants comprennent qu'il est de toute justice de rallier autour des mêmes intérêts, matériels ou moraux, tous les Français, quel que soit le lieu où ils résident et ne se préoccupant que de leur titre de citoyens d'une même Patrie.

L'unité de vue, en tout ce qui touche l'accroissement du bien-être, du mieux-être de la nation, ressort directement de notre régime politique et, grâce à cette unité de vue, les traitements, les droits étant les mêmes, les cœurs s'ouvrent à la confiance et battent à l'unisson.

C'est la vraie France de nos espoirs.

En travaillant à réaliser un progrès partiel, vous entrez, Monsieur, dans le grand mouvement de Vérité et de Justice qui honorera le plus notre XIXe siècle.

LUCIE LABOULAIS.

Mars 1897.

MON CHER L. BAIN,

J'ai lu avec toute l'attention qu'elle mérite, tout l'intérêt que je porte aux œuvres de mutualité, et aussi avec la cordiale sympathie que je professe pour son auteur, votre brochure sur « **L'utilité de fonder des Sociétés de Secours mutuels dans les campagnes** ». *Vous avez résumé dans cet ouvrage les avantages moraux et matériels qu'apporterait l'association à la classe si intéressante et si laborieuse des habitants de la campagne.*

Prêchant d'exemple, vous avez fondé la Société de Secours mutuels de Beaucouzé.

Ne vous lassez pas de semer le bon grain, le terrain est favorable, et je suis de cœur avec vous dans cette œuvre de défense sociale, contre la misère et la maladie.

Affectueusement à vous.

Docteur BICHON.

Angers, 12 mars 1897.

A Monsieur L. BAIN

LA MUTUALITÉ

En ce siècle, enfanteur de plus d'Humanité,
Les temps nouveaux ont vu resplendir leur aurore
De l'étincellement de la Fraternité,
Mais aux cœurs affranchis il fallait plus encore,

Et l'homme fit surgir la solidarité.
L'ouvrier ne veut plus qu'on dise qu'il implore.
Libre, fier, il conçut la Mutualité,
Fruit savoureux d'un temps qui bientôt va se clore.

Aimez-vous! Tendez-vous une amicale main
Pour vous aider ensemble à faire le chemin!
L'homme n'est pas créé pour rester solitaire!

Frères par l'origine et par le saint labeur,
Enfin l'Humanité connaîtra le bonheur
Si chacun sait, de tous, demeurer solidaire!

L. NARQUET.

Mars 1897.

AVANT-PROPOS

Au XVIIIe siècle, on a inventé le mot *philanthrope*, ce mot qui signifie l'ami des hommes, mais on s'en est tenu à la discussion, sans entrer dans la pratique.

Avec le XIXe siècle, tout a changé : en même temps qu'on perfectionnait les moyens de travail, qu'on inventait les machines qui doublent et triplent la somme de travail produite, tous les hommes vraiment philanthropes s'occupaient activement d'augmenter le bien-être matériel et moral de l'ouvrier, du travailleur sous toutes ses formes, et cela malgré l'opposition sourde ou ouverte des gouvernements qui se sont succédés en France. Ils avaient l'amour de leurs semblables, et l'amour fort comme la mort, a surmonté les obstacles les plus difficiles à vaincre.

Ils ont eu l'idée ingénieuse de rétablir sur de nouvelles bases, avec leurs avantages et sans leurs inconvénients, les *corporations* de l'ancien régime ; et ils sont arrivés, en fondant les *Sociétés de Secours Mutuels*, à un résultat qui fait de cette institution une des plus importantes et des plus utiles du siècle.

Ces sociétés, en effet, en même temps qu'elles mettent l'ouvrier à l'abri de la misère en cas de maladie, relèvent sa dignité à ses propres yeux et lui donnent une plus haute idée de lui-même.

Sans ces sociétés que devient l'ouvrier malade ? Il a rarement des économies, et alors pour ne pas mourir de faim, lui et sa famille, il est obligé d'avoir recours à la *Charité*. Non pas que nous voulions mépriser la charité qui a donné et qui donne encore chaque jour d'immenses secours à des milliers de nécessiteux, mais en général l'ouvrier est fier; il ne veut pas mendier. Il rougit d'accepter un secours gratuit, comme s'il commettait une mauvaise action.

Avec les *Sociétés de secours Mutuels*, rien de semblable à craindre. L'argent que l'ouvrier reçoit en cas de maladie, il ne l'a pas mendié, il l'a gagné honnêtement : cet argent lui appartient, et il n'a de reconnaissance à avoir que celle, bien platonique, qu'il doit au bienfaiteur de l'humanité qui a eu la généreuse idée de fonder la *Société* dont il fait partie. Donc, bien-être matériel et moral, tel est le but et le résultat des sociétés de secours mutuels.

Nous voudrions voir les travailleurs des villes et des campagnes y adhérer encore en plus grand nombre et augmenter ainsi leurs chances de bonheur.

LUCIEN BAIN.

Février 1897.

DE L'UTILITÉ DE FONDER

DES

SOCIÉTÉS DE SECOURS MUTUELS

DANS LES CAMPAGNES

CHAPITRE PREMIER

ORIGINE DES SOCIÉTÉS DE SECOURS MUTUELS

Sous l'ancien régime, dit le rapport de la Commission de la Chambre des députés, sur un projet de la loi concernant les sociétés de secours mutuels, les travailleurs de tout ordre étaient groupés en corporations de métiers ; ce système présentait de graves inconvénients, mais aussi des avantages considérables ; il offrait des garanties contre les dangers de l'isolement. En supprimant les corporations, la loi du 14 juin 1791 détruisit sans réédifier. Les travailleurs sentirent aussitôt les inconvénients d'un tel état de choses, et plusieurs corps de métiers demandèrent à la municipalité de Paris l'autorisation de se réunir dans le but spécial de donner des secours aux ouvriers malades ou privés de travail. Le gouvernement se montra peu favorable à ces demandes, mais le besoin de s'unir, de se grouper était si vif et correspondait à des nécessités si réelles qu'un bon nombre de sociétés de secours s'organisèrent sous des noms divers, et notamment dans les centres industriels. A Paris seulement treize associations de ce genre furent fondées de 1794 à 1806; l'étrange réglementation que voulut d'abord leur imposer le Premier Empire ralentit leur essor, mais ce temps d'arrêt fut de courte durée. Sous la Restauration et le gouvernement de Juillet, cette hostilité du pouvoir envers les sociétés de secours mutuels s'accentua encore par l'application constante de l'article 291 du Code pénal et par la loi de 1834.

En proclamant la liberté d'association, la République de 1848 donna la plus vigoureuse impulsion au mouvement commencé; les sociétés de secours mutuels eurent le droit de se former sans l'autorisation préalable du gouvernement et sans soumettre leurs statuts à l'examen du Ministre de l'Intérieur, leur dissolution ne pouvait être prononcée qu'en cas de danger pour l'ordre public et après une condamnation judiciaire; malheureusement, cette situation ne devait pas durer. La loi du 15 juillet 1850 marqua déjà, à certains égards, un retour en arrière; mais, par compensation à certaines restrictions regrettables, elle accorda du moins de précieux avantages aux sociétés. Dans la période qui précéda le coup d'État du 2 décembre, on en vint presque à considérer le libre développement des sociétés de secours mutuels comme un danger; un règlement d'administration publique du 14 juin 1851 donnait contre elles aux agents du gouvernement des pouvoirs très étendus; le décret du 26 mars 1852 remit en vigueur l'article 291 du Code pénal, et la loi du 10 avril 1834; s'il confirma et étendit même les avantages matériels concédés aux sociétés en 1850, il les soumit toutes au régime de l'autorisation préalable et de la surveillance la plus étroite; il leur enleva jusqu'à la faculté de choisir leurs présidents, qui furent désormais nommés par le gouvernement, et l'avis du Conseil d'État avait été nécessaire pour dissoudre ces associations (loi du 15 juillet 1850, article 12); dès lors elles purent être suspendues et même dispersées par de simples arrêtés préfectoraux.

A partir de 1852, elles se sont multipliées et depuis 1870 surtout, à la suite du décret du gouvernement de la Défense Nationale qui leur a laissé le soin d'élire leurs présidents (décret du 17 octobre 1870), elles ont doublé leur effectif, de telle sorte qu'en 1896 on en compte plus de 10.500 avec 1.700.000 membres possédant 220 millions de francs. Le régime de l'approbation sous lequel toutes peuvent très facilement se placer, leur confère des avantages considérables.

En présence des services exceptionnels rendus depuis vingt-cinq ans aux travailleurs par les sociétés de secours mutuels, le gouvernement leur a accordé les libertés les plus larges, sous la seule condition, très facile à réaliser, qu'elles seraient approuvées.

CHAPITRE II

LES SOCIÉTÉS DE SECOURS MUTUELS. — LEURS BUTS

Notre but, en écrivant ces quelques lignes, est non seulement de montrer l'objet et l'utilité des sociétés de secours mutuels, mais encore d'indiquer la marche à suivre pour fonder ou perfectionner ces sociétés qui, nous l'espérons, ne tarderont pas à se répandre dans les campagnes où, malheureusement, elles sont encore trop peu nombreuses.

Mais qu'est-ce au juste qu'une société de secours mutuels, et quel est son but? Nous trouvons la question toute résolue dans le remarquable discours que M. Fournier, ancien président du Syndicat des Sociétés de Secours Mutuels d'Angers, prononçait lors de la fondation d'une société rurale du canton nord-ouest d'Angers le 11 avril 1894.

« Nos gouvernants actuels, disait-il, comprennent que nous ne sommes pas des fauteurs de troubles; ils savent, au contraire, que nous sommes des amis de l'ordre, de l'épargne et des propagateurs de moralité; ils savent que le but des mutualistes militants est la destruction, dans la plus grande mesure du possible, de l'assistance publique, cette plaie de notre époque, dont le résultat est l'abaissement de la dignité du travailleur et trop souvent, hélas! un encouragement à la paresse et au vice. On sait que l'élite des travailleurs, que la partie saine et honnête des ouvriers des villes comme des campagnes sont aujourd'hui groupés autour des associations mutuelles, car, effectivement, nul ne peut faire partie d'une société de secours mutuels s'il n'est honnête et il cesse d'en faire partie dès qu'il ne l'est plus; aussi tous les travailleurs doivent-ils tenir à faire partie des sociétés de secours mutuels.

« Voilà, Messieurs, pourquoi le gouvernement protège et encourage nos associations.

« Soutenir et encourager les sociétés mutuelles, est non seulement faire une œuvre humanitaire, mais c'est faire encore une œuvre patriotique, parce que les sociétés, en combattant la maladie et la misère, contribuent à une plus grande production de travail et conséquemment à une plus grande richesse nationale.

« Aussi les sociétés de secours mutuels doivent-elles trouver aide et protection, non seulement dans le gouvernement, mais aussi dans tous les corps élus, soient départementaux, soient communaux ».

Un autre mutualiste distingué, M. Jules Cosnard, président de la Société du XVIIe arrondissement de la ville de Paris, expose ainsi dans un discours le but des sociétés de secours mutuels :

« Le but des sociétés de secours mutuels, dit-il, est de lutter contre la misère produite soit par le chômage épuisant si vite les économies d'un ménage d'ouvriers, soit par la vieillesse ne permettant plus aux travailleurs de gagner leur vie. La charité, officielle ou privée, ne peut, dit-il, soulager toutes les détresses dont nous sommes témoins; et d'ailleurs au-dessus de la charité, il y a pour nous un principe supérieur dont l'application ne peut éveiller aucune susceptibilité, ni blesser aucune fierté : c'est la *mutualité*, c'est la *solidarité*. »

Le sympathique conférencier rappelait avec juste raison cette parole de M. Jules Simon : « Il n'y a qu'une personne qui puisse préserver l'ouvrier du paupérisme, et cette personne c'est l'ouvrier lui-même. »

La mutualité n'a pas d'autre but que de grouper dans une union puissante et féconde les efforts de tous les travailleurs qui ont le souci de l'avenir. Elle fait ainsi œuvre utile et, au point de vue social, elle est d'une autre efficacité que les vaines théories que nous entendons développer chaque jour.

L'orateur termine ensuite sa conférence par un appel vraiment touchant à tous les mutualistes.

« Les sociétés de secours mutuels composées de membres honoraires et de membres participants, établissent entre tous une véritable camaraderie, les rapprochent, les unissent par un lien puissant de fraternité et de solidarité.

« Si, comme il faut l'espérer, ajoute-t-il, nos sociétés embrassaient un jour d'une part l'universalité des véritables travailleurs, et d'autre part la masse de tous ceux qui tiennent à remplir le devoir social qui incombe à chacun, que de malentendus dissipés, que de préjugés détruits, que de divisions évitées entre ce que l'on a voulu — bien à tort — appeler les diverses classes de la société, comme si, sous un gouvernement de liberté et de justice,

2

comme celui de la République, il pouvait y voir autre chose que des citoyens français. »

Tout dernièrement encore, notre sympathique ami, M. le docteur Bichon, conseiller général, appelé à présider la première réunion d'une société de secours mutuels rurale de son canton, faisait ressortir en ces termes les avantages des sociétés de secours mutuels et s'exprimait ainsi :

« Invité par mon excellent ami, M. Lemanceau, à venir assister à la première réunion de votre nouvelle société de secours mutuels, je n'ai pas hésité un seul instant. Je n'ai pas hésité parce que, placé au milieu d'une population ouvrière, en rapports constants avec les sociétés assez nombreuses dont je suis le médecin, j'ai pu apprécier tous les bienfaits de la mutualité.

« C'est ici, en effet, Messieurs, qu'un dicton populaire, un proverbe vieux comme le monde, trouve son application réelle. J'ai dit : « L'union fait la force ».

« Il ne peut être question ici, naturellement, d'une force matérielle ni offensive. Il s'agit plutôt de la force bienfaisante, créée par l'union des bons citoyens, ligués pour une lutte légitime et féconde : la lutte contre la maladie et le chômage. C'est aussi la charité mutuelle, qui n'humilie personne, car celui qui reçoit aujourd'hui, donne demain à son tour.

« La mutualité, Messieurs, n'a pas seulement pour résultat d'alléger les charges et les souffrances, elle a aussi pour effet inappréciable de créer entre ses différents membres des liens de sympathie, de solidarité, de fraternité.

« C'est pourquoi, Messieurs, je suis heureux de

vous apporter aujourd'hui un témoignage de sympathie et d'encouragement et de vous offrir, avec tous mes vœux pour la prospérité de votre œuvre, les services qu'il serait en mon pouvoir de vous rendre.

« Pour terminer, laissez-moi vous citer un mot qu'il y a vingt-six ans, le 6 août 1870, j'entendis prononcer près de moi. Je faisais alors partie d'un carré assailli par un escadron de uhlans : « Serrez « les rangs », disaient les officiers. Aujourd'hui, mûri par l'âge et l'expérience de la lutte pour la vie, je viens vous dire à mon tour : Voulez-vous opposer à la maladie, au chômage, à la misère, un mur solide, impénétrable? Unissez-vous et serrez vos rangs. »

Oui, serrons nos rangs, groupons-nous, et l'ouvrier aura la somme de bonheur qu'il peut espérer. Qu'est-ce qui tourmente l'ouvrier sérieux jour et nuit? C'est la crainte de la maladie, du chômage et de la misère noire qui en est la suite. Le maçon qui construit une maison, le charpentier qui est sur son échafaudage redoutent un accident; la maladie est si vite venue pour des ouvriers qui n'ont pas à leur portée tous les soins que peuvent se procurer les gens riches. Le travail peut manquer, le patron peut faire faillite, et dans ces différents cas, que deviendra l'ouvrier avec sa famille. Il se privera, c'est vrai, mais il faut manger, il faut se chauffer, il faut payer le médecin et le pharmacien si on est malade. On commencera par vendre ou porter au Mont de Piété tous les objets qui garnissent la pauvre mansarde; on ne gardera que ce qui n'a pas assez de valeur pour être vendu; et quand tout sera épuisé, quand il n'y aura plus aucune ressource à la maison, quand le boulanger refusera de donner du pain à crédit, qu'est-ce qui arrivera ? Ordinairement trop fier pour mendier, souvent l'ouvrier se décidera au suicide, le dernier remède des désespérés de la vie, ou encore il volera, non pas de l'argent, mais du pain pour se nourrir lui et sa famille, pour ne pas mourir de faim. Alors on l'arrêtera, lui, l'honnête ouvrier. Il sera jugé et condamné, il aura un casier judiciaire. Les patrons ne voudront plus l'employer. Il sera un déclassé, mis hors la loi.

Avec les sociétés de secours mutuels, rien de semblable à craindre. La maladie et le chômage ne le mettront pas dans la misère, et avec une faible cotisation annuelle, économisée facilement, il sera assuré de vivre honnête et heureux sans craindre l'avenir. Il ne redoutera pas de voir sa femme et ses enfants pleurer en lui demandant un morceau de pain qu'il ne pourra pas leur donner. Bien plus, avec la Caisse de l'Orphelinat des Sociétés de Secours Mutuels il est assuré, s'il meurt, de ne pas laisser des enfants sans secours. Allons ! braves travailleurs prévoyants, pénétrez-vous bien de cette idée que là est le salut et le bonheur pour vous et vos enfants.

CHAPITRE III

ORGANISATION DES SOCIÉTÉS DE SECOURS MUTUELS, PENSIONS ET RETRAITES

Jusqu'à présent, les sociétés de secours mutuels ont échoué presque complètement ou du moins ne sont pas arrivées à des résultats bien sérieux toutes les fois qu'elles ont essayé de pénétrer dans les *campagnes*. Elles se sont heurtées à une apathie, à une indifférence et même à une méfiance bien regrettables quand elles se sont adressées aux ouvriers des campagnes. Encroûtés dans une routine souvent absurde, ces ouvriers n'ont pas vu ou n'ont pas voulu voir les avantages qu'on leur offrait. Pleins de méfiance à l'égard des hommes d'initiative qui sont venus vers eux, ils les ont regardés comme des exploiteurs. Du reste, dans les campagnes où les ouvriers se connaissent tous et sont par conséquent moins isolés que dans les villes, ils ne comprennent pas autant l'utilité de se grouper pour résister à la misère. Cependant pour eux aussi, comme pour les ouvriers des villes, les avantages sont les mêmes. Les administrations municipales de ces communes, quoique désireuses du bien-être de leurs concitoyens, n'osent pas mettre au jour le projet de fonder de semblables institutions; elles reculent devant les ennuis de préparer tout un dossier assez volumineux qui souvent, après quelques jours passés dans les bureaux de la Préfecture, leur revient, parce que le fondateur chargé de l'envoi de ce dossier ne s'est pas conformé à tels ou tels articles de la loi sur les sociétés de secours mutuels.

C'est pour aplanir les difficultés que les municipalités pourraient rencontrer dans l'exécution d'un projet si humanitaire, que nous allons énoncer la marche à suivre pour fonder et faire approuver une société de secours mutuels.

Quand une société veut se faire approuver, elle doit joindre à sa demande deux exemplaires de ses statuts conformes au modèle officiel (instruction ministérielle du 29 mai 1852). Elle enverra aussi une liste nominative des membres *honoraires*, c'est-à-dire de ceux qui adhèrent aux statuts et s'obligent à payer les cotisations sans prendre part aux bénéfices; enfin une liste des membres *actifs ou participants*, c'est-à-dire de ceux qui prennent part aux bénéfices, avec l'âge, la profession et le domicile de chacun d'eux (circulaire ministérielle du 7 septembre 1854). Ces pièces, ainsi qu'un avis favorable du maire de la commune, doivent être adressées au préfet du département. Lorsque le dossier est revenu, le président du comité d'organisation réunit les membres honoraires et participants, et c'est dans cette réunion générale que l'assemblée désigne son président qui est élu pour cinq ans, ses vices-présidents, son trésorier et son secrétaire, ainsi que les commissaires qui sont élus pour la durée fixée par les statuts et qui composent le bureau chargé de l'administration de la société de secours mutuels. Les membres du bureau sont choisis parmi les membres honoraires ou participants.

L'admission des membres *honoraires* est prononcée par le président et le bureau; les membres *actifs* ou participants sont reçus au scrutin secret et à la majorité des voix de l'assemblée générale. Le nombre des sociétaires *participants ou actifs* ne peut dépasser le chiffre de 500 qu'en vertu d'une autorisation préfectorale.

Les sociétés approuvées et celles reconnues peuvent assurer à leurs membres des *pensions de retraites* au moyen de la constitution d'une *caisse de pensions de retraites* dont les fonds sont fournis : 1° par des prélèvements sur les excédents de recettes (décret du 13 avril 1861, art. 1er, page 11); 2° par les subventions de l'État, du département ou de la commune 3° par des dons et legs spécialement affectés au service des pensions (décret du 26 mars 1852, art. 8; Code civil, art. 910 et 937). La quotité de la pension est fixée en assemblée générale sur la proposition du Bureau. Elle ne peut être inférieure à 30 francs par mois, ni excéder le décuple de la cotisation annuelle.

Les sociétés de secours mutuels peuvent être suspendues ou dissoutes dans les cas et de la manière qui suivent :

1° Les sociétés *reconnues* peuvent être suspendues par arrêté préfectoral, lorsqu'elles violent les conditions générales de leur institution de société mutuelle de bienfaisance; elles peuvent être dissoutes par décret, sur l'avis du maire et du préfet, sur le rapport du Ministre de l'Intérieur et le Conseil d'État entendu.

La dissolution volontaire peut être demandée par délibération prise sous la présidence du maire ou de son délégué, à la majorité des trois quarts des membres présents et à la majorité absolue des membres de la société (décret 1851, art. 11 à 13).

2° Les sociétés *approuvées* peuvent être suspendues ou dissoutes par le préfet soit pour violation des articles 291 et suivants du Code et de la loi de 1834, soit pour mauvaise gestion, violation de leurs statuts ou du décret du 26 mars 1852.

En cas de dissolution imposée ou volontaire, la liquidation a lieu dans les conditions prescrites par le décret précité (art. 15) et par le décret du 26 avril 1856 (art. 3).

Un décret du 26 mars 1852 a créé par l'article 19 une *commission supérieure* d'encouragement et de surveillance, composée de dix membres nommés par le Président de la République. Cette commission, dit le décret, est chargée de provoquer et d'encourager la fondation et de développer des sociétés de secours mutuels, de veiller à l'exécution du présent décret et de préparer les instructions et règlements nécessaires à son application. Elle propose des mentions honorables, médailles d'honneur et autres distinctions honorifiques en faveur des membres honoraires ou participants qui lui paraissent les plus dignes.

Nous tenons à mettre sous les yeux de nos lecteurs un modèle de statuts concernant principalement les sociétés de secours mutuels des communes rurales.

STATUTS

CHAPITRE PREMIER

Formation et but de la Société

Article premier. — Une Société de Secours mutuels est établie à , sous le nom de *Société de Secours mutuels*

Elle a pour but :

1° De donner les soins du médecin et les médicaments aux membres participants malades;

2° De leur payer une indemnité pendant la durée de leurs maladies, suivant les conditions prescrites par les statuts;

3° De pourvoir à leurs funérailles.

CHAPITRE DEUXIÈME

Composition de la Société. — Conditions d'admission et d'exclusion

Art. 2. — La Société se compose de membres honoraires et de membres participants. Les femmes ne pourront pas faire partie de la Société, à moins d'un changement dans les présents statuts.

Art. 3. — Les membres honoraires sont ceux qui par leurs souscriptions contribuent à la prospérité de l'association sans participer à ses avantages. Leur nombre est illimité; ils sont admis par le bureau sans condition d'âge ni de domicile.

Art. 4. — Les membres participants sont ceux qui ont droit à tous les avantages assurés par l'association, en échange du paiement régulier de leur cotisation et en se conformant aux présents statuts. Le nombre des membres participants ne peut, à moins d'autorisation spéciale, excéder cinq cents.

Art. 5. — Les membres participants sont admis en assemblée générale, à la majorité des voix et au scrutin. Ils devront présenter, au moment de leur inscription, un certificat de médecin constatant qu'ils ne sont atteints d'aucune maladie chronique.

Art. 6. — Dans l'intervalle des assemblées générales, le bureau peut autoriser les candidats à verser leur droit d'entrée et leur cotisation, sauf restitution dans le cas où l'assemblée générale ne validerait pas l'admission.

Art. 7. — Le candidat doit n'avoir pas moins de dix-huit ans ni plus de quarante-cinq ans, être valide, d'une conduite régulière et être domicilié depuis six mois dans la commune. Toutefois, la limite d'âge est reculée jusqu'à cinquante-cinq ans :

1° Pour les membres fondateurs;

2° Pour les membres sortant d'une société approuvée, sur la présentation d'un certificat du président de cette association, constatant que ces sociétaires ont acquitté un droit d'entrée et fait leur stage dans la société de laquelle ils sortent.

Art. 8. — Cessent de faire partie de la Société, les membres qui n'ont pas payé leur cotisation depuis trois mois et un jour. Cependant il peut être sursis par le bureau à l'application de cet article, lorsque le membre participant prouve que le retard du paiement de la cotisation est occasionné par des circonstances indépendantes de sa volonté. Si le retardataire ne répond pas à la convocation qui lui a été adressée, il lui est fait application, sans appel, du paragraphe premier du présent article.

Art. 9. — Les jeunes gens sociétaires avant leur départ sous les drapeaux ne paieront point de cotisation pendant leur service militaire et feront de droit partie de la Société; mais à leur rentrée dans leurs foyers, ils devront fournir un certificat de bonne santé et justifier de la régularité de leur conduite par la présentation de certificats émanant de leurs corps.

Art. 10. — L'exclusion est prononcée en assemblée générale, sur la proposition du bureau et sans discussion :

1° Pour condamnation infamante;

2° Pour préjudice causé volontairement aux intérêts de la Société;

3° Pour tout acte contraire à l'honneur;

4° Pour conduite déréglée et notoirement scandaleuse.

Sauf le cas de condamnation infamante, le membre participant dont l'exclusion est proposée est invité à se présenter devant le bureau pour être entendu sur les faits qui lui sont imputés: s'il ne se présente pas, son exclusion est prononcée en assemblée générale.

La démission, la radiation et l'exclusion ne donnent droit à aucun remboursement.

CHAPITRE TROISIÈME

Administration

Art. 11. — La Société est administrée par un Bureau

composé d'un Président, d'un Vice-Président, d'un Secrétaire, d'un Trésorier et de six Administrateurs.

Ces fonctions sont gratuites.

Nul ne peut être élu membre du Bureau s'il n'est Français et s'il ne jouit de ses droits civils et civiques. Tous les membres du Bureau sont élus en assemblée générale et pris parmi les membres honoraires et participants. Ils sont indéfiniment rééligibles.

Art. 12. — Le Président est élu au scrutin secret pour cinq ans; nul n'est élu ni proclamé Président s'il n'a réuni la majorité absolue des suffrages; au second tour de scrutin, l'élection a lieu à la majorité relative. Dans le cas où les candidats obtiendraient un nombre égal de suffrages, le plus âgé est proclamé Président.

Le procès-verbal de l'élection est transmis immédiatement au Préfet.

Art. 13. — Les autres membres du Bureau sont élus pour trois ans. Il est pourvu, au commencement de chaque année, au remplacement des membres du Bureau démissionnaires ou décédés.

Art. 14. — Le Président surveille et assure l'exécution des statuts. Il adresse chaque année à l'autorité compétente le compte rendu prescrit par l'article 20 du décret du 28 mars 1852. Il est chargé de la police de l'assemblée; il signe tous les actes, arrêtés ou délibérations, et représente la Société dans tous ses rapports avec l'autorité publique. Il donne les ordres pour les réunions du Bureau et les convocations des assemblées générales. Est nulle ou non avenue toute décision prise dans une réunion non convoquée par le Président.

Le Vice-Président seconde le Président dans toutes ses fonctions et le remplace en cas d'empêchement.

Art. 15. — Le Secrétaire est chargé de la rédaction des procès-verbaux, de la correspondance, des convocations et de la conservation des archives. Il tient le registre matricule des membres de la Société et présente au bureau les demandes d'admission. En cas de maladie d'un membre participant, le Secrétaire en donne avis au médecin et aux visiteurs en fonctions.

Le Trésorier fait les recettes et les paiements et les inscrit sur un livre de caisse coté et paraphé par le Président. A chaque assemblée générale, il présente le compte rendu de la situation financière.

Il est responsable de la caisse contenant les fonds et les titres de la Société.

Il paie sur mandats visés par le Président et marqués du cachet de la Société. Il délivre aux sociétaires, au moment de leur admission, des cartes ou livrets sur lesquels il constate le paiement des cotisations. Il opère le placement ou le déplacement des fonds, sur un ordre signé du Président et du Secrétaire indiquant la somme dont le placement ou le déplacement est opéré.

Les reçus ou reconnaissances sont déposés dans la caisse.

Art. 16. — Les visiteurs, choisis par le Bureau parmi les membres participants, sont chargés de visiter les malades, de leur porter l'indemnité et de s'assurer de l'exécution des obligations de la Société à leur égard. Les visiteurs qui auront négligé leurs devoirs seront passibles d'une amende de un franc prononcée en assemblée générale.

Art. 17. — Le Bureau se réunit tous les mois et chaque fois qu'il est convoqué par le Président. Des visiteurs pourront être convoqués par le Président dans le sein du Conseil.

Est passible d'une amende de un franc tout membre du Bureau qui, sans avoir prévenu le Président, aura manqué à une réunion.

Il est interdit aux membres du Bureau de se servir de leur titre en dehors des fonctions qui leur sont attribuées par les statuts.

Art. 18. — La Société se réunit en assemblée générale quatre fois par an, pour entendre les rapports sur sa situation et prononcer sur les questions qui lui sont soumises par le Bureau. Le Président peut, en outre, convoquer l'assemblée générale d'office, en cas d'urgence. La convocation est obligatoire si elle est demandée par le quart des membres.

Art. 19. — Toute discussion politique, religieuse ou étrangère au but de la mutualité, est interdite dans les réunions du Bureau et de la Société.

CHAPITRE QUATRIÈME

Fonds social

Art. 20. — Le fonds social se compose :

1° Des droits d'admission payés par les membres participants ;

2° Des cotisations des membres participants;

3° Des cotisations des membres honoraires;

4° Du produit des amendes;

5° Des fonds placés et des intérêts échus;

6° Des dons et legs dont l'acceptation a été approuvée par l'autorité compétente;

7° Des subventions accordées par l'État, le département ou la commune.

Art. 21. — Les fonds en caisse ne peuvent jamais excéder deux cents francs. L'excédent est placé en compte à la Caisse des dépôts et consignations.

CHAPITRE CINQUIÈME

Obligations des membres participants envers la Société

Art. 22. — Les sociétaires doivent, en entrant, payer un droit d'admission fixé à savoir :

De dix-huit ans à soixante ans, cinq francs d'entrée.

Toutefois, tout membre fondateur n'est tenu à verser, quel que soit son âge, qu'un droit fixe d'admission de cinq francs.

Cette somme est versée immédiatement après l'admission avec la cotisation du mois courant, ou peut être convertie en cotisations périodiques versées en sus de la cotisation imposée par les statuts.

Art. 23. — Les membres participants s'engagent à payer une cotisation mensuelle fixée à un franc cinquante centimes, ou trimestrielle de quatre francs cinquante centimes, c'est-à-dire que la cotisation sera versée par mois ou par trimestre, au gré des sociétaires; et à remplir toutes les fonctions qui leur sont désignées.

Les membres honoraires verseront *ce qui leur sera agréable* par an. Le minimum sera de *dix francs*.

Art. 24. — Chaque membre participant est obligé, sauf le cas de maladie, de se rendre aux assemblées générales et à toutes les convocations régulièrement faites.

Art. 25. — En cas de décès d'un membre participant ou honoraire de la Société, tous les membres participants sont convoqués pour assister aux obsèques lorsqu'elles auront lieu dans la commune. Une amende de deux francs sera infligée à tout sociétaire manquant. Les membres honoraires ne seront pas tenu d'assister aux obsèques.

CHAPITRE SIXIÈME

Obligations de la Société envers les membres participants

Art. 26. — La Société accorde aux membres participants malades les soins d'un médecin et les médicaments, mais seulement trois mois après leur premier versement. Elle accorde en outre une indemnité fixée à un franc cinquante centimes par jour, les membres fondateurs ne toucheront cette indemnité que six mois après la fondation de la Société. La Société n'étant fondée qu'en (avril 189...) les frais de médecin ne commenceront à être payés qu'à partir du 1er novembre de ladite année et l'indemnité qu'à partir du 1er novembre. Passé cette dernière date, à moins d'une décision particulière, les membres entrants toucheront l'indemnité en même temps qu'ils bénéficieront des soins du médecin et des médicaments.

L'indemnité de un franc cinquante centimes sera payée pendant trois mois aux malades : si la maladie dépasse ce terme, le Bureau décidera si l'indemnité doit être supprimée ou diminuée, suivant l'état de la caisse.

Le service médical est fourni par le médecin désigné par la Société.

Les opérations chirurgicales, les frais occasionnés par une consultation de plusieurs médecins ne sont jamais réglés par la Société.

Art. 27. — Une indisposition de trois jours ne donne pas lieu à une indemnité.

Art. 28. — Tout malade rencontré hors de chez lui et se livrant à un travail lucratif ou à sa profession, celui qui aura pris des médicaments ou aliments contraires aux ordonnances des médecins, celui qui aura fait usage de liqueurs alcooliques, cesse de recevoir l'indemnité en argent.

Art. 29. — Aucun secours n'est dû pour les maladies causées par la débauche ou l'intempérance, ni pour les blessures reçues dans une rixe lorsqu'il est prouvé que le membre participant a été l'agresseur, ni pour les blessures reçues dans une émeute à laquelle il aura pris part volontairement, ni lorsque le membre participant est atteint d'aliénation mentale ou de la petite vérole, s'il ne justifie qu'il a été vacciné.

La Société n'accorde pas de secours pour cause de chômage.

Art. 30. — Le membre participant en retard de trois mois dans le paiement de sa cotisation n'a droit au secours en argent que quinze jours après s'être entièrement acquitté.

Art. 31. — En cas de décès, la Société accorde vingt francs à la famille de tout sociétaire pour frais de funérailles.

Après une maladie, le médecin devra déclarer par écrit que le sociétaire peut reprendre son travail.

CHAPITRE SEPTIÈME

Police et discipline

Art. 32. — Le règlement concernant la police des séances est arrêté par les soins du Bureau ; néanmoins, aucune peine pécuniaire autre que celles fixées par les statuts ne peut être établie que par l'assemblée générale.

Art. 33. — Tout membre qui négligera les fonctions qui lui auront été confiées encourra une amende de un franc pour chaque contravention. Il paiera une amende de un franc s'il a trompé sciemment la Société pour son propre compte, ou s'il a favorisé volontairement les fraudes et les fausses déclarations des sociétaires; de plus, il pourra, sur l'avis du Bureau, être exclu de la Société.

Tout membre participant qui n'assistera pas aux assemblées générales, sauf le cas de maladie ou d'empêchements dûment excusés, sera puni d'une amende de un franc.

Tout membre qui troublera le cours des séances ou qui s'y présentera en état d'ivresse, subira une amende de un franc. Cette amende sera de deux francs pour les membres du Bureau.

En cas de récidive, le membre sera exclu de la Société.

Art. 34. — Les amendes sont exigibles avant la cotisation. Le membre participant qui refuse de payer celles auxquelles il a été condamné cesse de faire partie de la Société, à moins d'une décision contraire de l'assemblée générale, et n'aura aucun recours contre la Société.

CHAPITRE HUITIÈME

Modifications, Dissolution, Liquidation

Art. 35. — Toute proposition tendant à modifier les statuts doit être soumise au Bureau, qui juge s'il y a lieu d'y donner suite.

Aucune modification ne peut être adoptée qu'en assemblée générale spécialement convoquée à cet effet, à la majorité des membres inscrits. Si l'assemblée n'est pas en nombre suffisant, elle est de nouveau convoquée et ses décisions sont valables quel que soit les membres présents.

Les modifications aux statuts ne pourront être mises en vigueur qu'après avoir été approuvées, conformément à l'article 15 du décret du 26 mars 1852.

La Société ne peut se dissoudre d'elle-même qu'en cas d'insuffisance de ses ressources.

La dissolution ne peut être prononcée qu'en assemblée générale spécialement convoquée à cet effet et par un nombre de voix égal aux deux tiers des membres inscrits.

Cette dissolution ne sera valable qu'après l'approbation de l'autorité compétente.

En cas de dissolution, la liquidation s'opérera suivant les prescriptions des articles 6 et 17 du décret du 14 juin 1851 et 15 du décret du 26 mars 1852.

Fait et délibéré en assemblée générale à ....., le......

Le Président, *Le Vice-Président*,

Le Secrétaire, *Le Trésorier*,

Dès qu'elles ont commencé à fontionner, les sociétés de secours mutuels rendent les plus grands services, et nous ne pouvons qu'engager le riche, soucieux de faire le bonheur de ses semblables, à entrer dans ces sociétés comme membres honoraires.

Voici en quels termes s'exprimait M. Ramain, président de la Société municipale de Pré-Saint-Gervais (Seine), en parlant des services rendus par les sociétés de secours mutuels :

« 1° *Secours aux sociétaires participants ou à leurs familles* en cas de maladie, d'accident, de vieillesse et de mort;

« 2° *Amélioration de l'homme au point de vue moral* par la pratique de deux *vertus sociales* : La *fraternité* et la *solidarité*, ainsi que par des habitudes d'ordre, d'économie, de prévoyance, d'honnêteté que l'on contracte dans nos sociétés mutuelles. Et d'un autre côté *rehaussement de sa dignité* par la pensée qu'en cas de maladie, il est soigné *chez lui, dans sa famille*, au moyen du fonds social, *qui est aussi son propre fonds* au lieu de *mendier* les secours de l'assistance publique pour lui et les siens.

« 3° Enfin il est de toute évidence qu'en soignant elle-même et secourant ses malades, la société de secours mutuels allège considérablement les charges de l'assistance publique; d'où économie pour la grande communauté et, par conséquent, pour les contribuables.

Précisons par un exemple d'une société que nous avons vu à l'œuvre, nous parlons d'une société rurale du canton nord-ouest d'Angers. Pendant l'année 1896, cette société a soigné 7 malades pendant 263 jours et dépensé environ 700 francs. Supposez que ces malades n'étant pas sociétaires eussent été soignés à l'hôpital d'Angers. Ce serait 263 journées d'hospitalisation que la commune aurait eu à rembourser à la ville d'Angers, sans compter bien entendu, les secours en pain et viande que le bureau de bienfaisance aurait été obligé de donner aux familles les plus nécessiteuses. Le riche comme le pauvre, tout le monde est donc intéressé à la prospérité des societés de secours mutuels ».

M. Ramain ajoute :

« Vous trouvez parfois des égoïstes qui vous tiendront ce langage : A quoi bon entrer dans votre société, *je ne suis pas malade.* »

Mais s'ils étaient malades, aucune société ne consentirait à les recevoir ! S'il plaît à l'égoïste de rester *lui* lorsqu'il pourrait être utile aux autres, rien de plus naturel et de plus juste que de le laisser *lui* lorsqu'il passe par les épreuves de la vie.

Que penserait-on de celui qui attendrait que sa maison fût en flammes pour s'assurer contre l'incendie ?

« La Société mutuelle est une sorte d'assurance, assurance contre la maladie qui arrive une fois ou l'autre ; assurance contre la vieillesse, qui arrive souvent ; assurance contre la mort qui arrive toujours.

« Que ceux enfin qui veulent fonder des sociétés de secours mutuels sachent bien que la mutualité est un terrain neutre sur lequel tous les amis du bien peuvent se rencontrer, à quelque opinion, à quelque religion qu'ils appartiennent. Ici point de politique, point de discussions religieuses, rien de ce qui touche aux questions locales ou de clocher, rien de ce qui peut exciter à la haine des hommes ou des classes ; la mutualité a pour but l'*Amour du prochain.* »

Le programme des mutualistes se résume dans cette superbe devise que nos enfants apprennent sur les bancs de nos écoles :

« *Aimons-nous les uns les autres ; aidons-nous mutuellement ; tous pour chacun et chacun pour tous.* »

CHAPITRE IV

1. — CAISSE DE L'ORPHELINAT DES SOCIÉTÉS DE SECOURS MUTUELS. — 2. DISPENSAIRE ET BIBLIOTHÈQUE DES SOCIÉTÉS DE SECOURS MUTUELS. — 3. UNION GÉNÉRALE DES SOCIÉTÉS DE SECOURS MUTUELS. — 4. SYNDICAT CONSULTATIF DES SOCIÉTÉS DE SECOURS MUTUELS. — 5. SYNDICAT PHARMACEUTIQUE DES SOCIÉTÉS DE SECOURS MUTUELS

DE LA VILLE D'ANGERS

Malgré toute la bonne volonté des membres honoraires et participants, les sociétés de secours mutuels, comme leur nom l'indique, donnaient des secours aux malades, mais ne remédiaient qu'imparfaitement à la crainte de certains malheurs qui hantent les nuits des travailleurs, comme, par exemple, le souci de l'avenir de leurs enfants, s'ils meurent laissant des enfants en bas âge. Pour remédier à ces différents maux que les sociétés simplement de secours mutuels n'atteignent pas, les membres des différentes sociétés se sont ingéniés, se sont groupés et ont fondé dans différentes villes ces admirables institutions dont nous allons parler maintenant, annexes presque indispensables des sociétés de secours mutuels, qui les complètent et rendent les plus grands services aux travailleurs.

Prenons comme exemple ce qu'ont fait à Angers les différentes sociétés de secours mutuels.

A côté de leurs sociétés respectives, les membres des sociétés de secours mutuels ont eu l'heureuse inspiration de fonder :

1° *Une Caisse de l'Orphelinat des Sociétés de Secours Mutuels* ;

2° *Un Dispensaire avec bibliothèque* ;

3° *L'Union Générale* ;

4° *Un Syndicat consultatif* ;

5° *Un Syndicat pharmaceutique.*

Ces cinq sociétés venant chacune en ce qui la concerne apporter une pierre au principal édifice de la mutualité angevine, en font des sociétés bien organisées et prêtes à donner les premiers secours à leurs sociétaires.

Nous commençons ce chapitre par la société qui nous paraît être la plus intéressante, et qui tous les jours vient secourir les malheureux orphelins de nos sociétaires décédés. Je veux parler de l'Orphelinat des Sociétés de Secours Mutuels.

I

Orphelinat des Sociétés de Secours Mutuels.

La Caisse de l'Orphelinat des Sociétés de Secours Mutuels d'Angers a été autorisée par un arrêté préfectoral en date du 24 mars 1866. — La Caisse de l'Orphelinat a été instituée par l'association de toutes les sociétés de secours mutuels en faveur des orphelins des sociétaires décédés, qui font partie de cette association, et qui ont apporté leur cotisation à cette caisse.

Cette association a pour but de venir en aide aux orphelins des sociétaires décédés, de leur procurer un appui moral et matériel, de veiller à ce qu'il leur soit donné une instruction selon leurs facultés intellectuelles et de leur faire apprendre une profession. Comme toutes les sociétés de secours mutuels, l'association de la Caisse de l'Orphelinat se compose de membres participants et de membres honoraires; les enfants des membres participants ont seuls droit aux secours de la société.

Le personnel des membres participants est formé par les sociétés de secours mutuels. Ils prennent l'engagement, par une délibération consignée sur le procès-verbal de leur société, de verser à la Caisse de l'Orphelinat une cotisation mensuelle fixée à 20 centimes pour les hommes et à 10 centimes pour les femmes.

Les demandes d'admission d'orphelins sont faites par le président de la société respective du sociétaire décédé et dans la quinzaine qui suivra son décès.

Ces pièces comprennent .

1° La demande du président à laquelle appartenait le sociétaire décédé;

2° L'acte de décès du défunt;

3° Et les actes de naissance de chacun des orphelins et leurs domiciles.

Ces formalités remplies, le conseil de la Caisse de l'Orphelinat se réunit pour recevoir les nouveaux adhérents, qui sont secourus par la Caisse jusqu'à l'âge de quinze ans.

Les secours accordés sont ceux-ci :

Si le père est décédé, le ou les orphelins touchent un secours mensuel de 7 francs. Si c'est au contraire la mère, lorsque celle-ci aura été sociétaire, le secours accordé sera de la moitié de la somme accordée aux orphelins du père; quand, au contraire, les deux auront été sociétaires, le ou les orphelins touchent le montant des deux secours réunis.

Chaque article du règlement de la Caisse de l'Orphelinat des Sociétés de Secours Mutuels dénote, chez ceux qui l'ont fait, une connaissance et une étude approfondie des besoins des travailleurs. Il montre chez eux le désir sincère de rendre service aux déshérités de la richesse en calmant leurs craintes ordinairement très vives sur l'avenir de leurs enfants, et nous ne pouvons que les féliciter de ces sages statuts qui déjà ont fait tant de bien.

Nous nous en voudrions si nous ne donnions pas ici les noms des dévoués membres du bureau de la Caisse de l'Orphelinat qui tous les jours se dévouent pour les malheureux orphelins de nos camarades décédés.

A leur tête, comme président, nous voyons notre ami, le sympathique M. Chouanet, dont l'éloge n'est plus à faire lorsqu'il s'agit de mutualité; il a conquis dans ce poste l'estime et l'affection de tous les mutualistes angevins, et c'est avec plaisir que chaque année nous applaudissons de grand cœur à sa réélection. A ses côtés, nous voyons l'honorable M. Boussin, un vieux mutualiste celui-là, très dévoué à cette noble cause; puis, comme trésorier et secrétaire, MM. Plunian et Evain.

Puisse la Caisse de l'Orphelinat des Sociétés de Secours Mutuels grossir tous les ans davantage, et apporter ainsi à nos malheureux orphelins, secours et assistance pendant leur bas âge.

Nous engageons vivement tous ceux qui ont le souci de l'enfance à apporter leur obole à cette admirable institution, qui a déjà sauvé tant d'orphelins de la misère et même du crime, et qui, avec des ressources plus étendues, arriverait à des résultats vraiment extraordinaires.

Qui n'a pas vu dans les rues de notre ville ces enfants déguenillés, rôdant autour de tous les passants, mendiant aux portes et volant chaque fois qu'ils en trouvent l'occasion? Un bon mouvement, Messieurs, et une grande partie de ces enfants pourront aller à l'école apprendre un métier et devenir d'honnêtes ouvriers, au lieu d'aller grossir le nombre déjà trop grand de ces voleurs et de ces vagabonds qui encombrent les tribunaux correctionnels. Avec une assez faible cotisation annuelle, vous leur rendrez un grand service en même temps que vous vous garantirez pour vous-mêmes.

II

Dispensaire et bibliothèque des Sociétés de Secours Mutuels de la ville d'Angers

C'est par un arrêté préfectoral en date du 18 juin 1878 que le Dispensaire des Sociétés de Secours Mutuels de la ville d'Angers fut autorisé. Depuis cette époque, les statuts de ce Dispensaire furent réformés en séance du 17 août 1888.

A notre avis, il faudrait tout un ouvrage pour analyser les services que rend chaque jour cette noble société, nous nous contenterons dans cette notice de mettre sous les yeux du lecteur les principaux articles qui régissent ce Dispensaire.

Le but du Dispensaire est de prêter aux personnes blessées ou dangereusement malades les objets les plus pressants et qui manquent le plus souvent dans les ménages d'ouvriers, tels que la literie, la lingerie, la charpie, fauteuils, baignoires, bain de siège, etc.

A côté de ce Dispensaire, la société a établi une bibliothèque contenant un certain nombre de volumes à l'usage des sociétaires malades. Tous les objets prêtés par le Dispensaire sont prêtés gratuitement, à la condition d'être rendus le plus tôt possible intacts et soigneusement lavés. Le prêt de tous ces objets ne doit pas dépasser un mois. Cependant si, au bout de ce temps, le malade n'était pas guéri, il pourrait lui être accordé une prolongation.

Si les objets que rend le malade n'étaient pas en bon état, ils sont lavés et repassés aux frais de l'emprunteur, et il doit en rembourser le montant dans un délai de trois mois. Passé ce délai, il n'a plus droit aux objets prêtés par le Dispensaire.

Tous les membres des sociétés de secours mutuels non seulement d'Angers, mais de tout le département, peuvent profiter des secours fournis par le Dispensaire, à la condition, pour eux, de verser les cotisations suivantes :

Pour les hommes, 1 franc.

Pour les femmes, 0 fr. 60.

Et pour les enfants au-dessous de quinze ans, 0 fr. 30.

Pour être admis membre du Dispensaire, il faut

être présenté par deux membres du Dispensaire de la commission à la plus prochaine séance.

Le Dispensaire admet également des membres honoraires dont la cotisation est fixée à 10 francs par an, et qui sont admis par les membres de la commission et les délégués réunis.

Les statuts portent en outre que tout sociétaire versera sur l'attestation de son président une mise d'entrée de 1 fr. 50.

Chaque sociétaire qui a plus d'une année de présence dans la société est tenu de verser une mise d'entrée de 4 francs. Les femmes de sociétaires ne paient pas de droit d'entrée.

Le Dispensaire est administré par une commission de vingt membres titulaires élus pour deux ans par l'assemblée générale; son renouvellement a lieu tous les ans par moitié. Il choisit son Bureau parmi ses membres ; le Bureau est élu pour un an.

Le conseil se réunit tous les deux mois, et chaque fois que le président en juge l'utilité.

Un ou plusieurs délégués sont choisis dans chaque société ayant des adhérents au Dispensaire. Ils sont chargés de recevoir les cotisations, de visiter les sociétaires emprunteurs, de faire rentrer les objets prêtés aux époques déterminées et de faire les convocations d'assemblées générales.

Chaque jour également un délégué est convoqué par lettre à tour de rôle, pour aider le commissaire de service dans son travail; à la fin de la journée, ils signent le livre de présence.

Le Bureau se compose d'un président, d'un vice-président, d'un secrétaire et d'un trésorier pris parmi les membres de la commission.

Notre ouvrage étant spécialement offert à tous les présidents des nouvelles sociétés de secours mutuels, nous avons tenu à leur mettre sous les yeux tous les objets qui pourront être à la disposition de leurs sociétaires si ceux-ci adhèrent tôt ou tard au Dispensaire. Ces objets sont :

Lingerie. — Draps, chemises d'hommes, chemises de femmes, chemises de garçons, chemises de fillettes, bonnets de coton pour hommes, bonnets de nuit pour femmes, manteaux de nuit, taies d'oreillers, serviettes, essuie-mains, torchons, bandes, bandelettes de toile, de flanelle ; compresses et linges à pansements, camisoles de force, ouate, charpie, éponges, tabliers, etc.

Lits et literie. — Lits divers en fer, garnis et non garnis ; matelas de laine, de guinche, de balle d'avoine ; traversins, oreillers de plume et de balle d'avoine, couvertures, etc.

Sièges et fauteuils de formes diverses : Voltaire, ganache, etc., garnis en cuir, moleskine ou crétonne ; pliants, chaises percées, etc.

Voitures pour malades, enfants, convalescents.

Baignoires. — Baignoires pour bains simples, pour bains de barège ; baignoires pour enfants, pour bains de siège, pour bains de bras et de jambes ; bassins pour bains de pied ; appareils pour chauffer les baignoires, etc.

Appareils divers pour bains de vapeur, soit pour le lit, soit pour la chambre.

Appareils vaporisateurs et pulvérisateurs ; Réchauds à essence et plats émaillés (employés pour désinfecter dans le pansement des plaies, pour les opérations et dans les maladies contagieuses), etc.

Appareils électriques divers.

Appareils pour fractures. — Attelles et gouttières en toile métallique, en fer-blanc, en bois ; cerceaux en fil de fer, en bois ; carton-pâte ; coussins en balle d'avoine ; béquilles de toutes dimensions, etc.

Objets divers. — Irrigateurs en métal, en caoutchouc ; clysos-pompe ; clysos avec poire à médicaments ; seringues diverses ; poires, balles et injecteurs en caoutchouc ; urinal bidet, en étain, pour pansement des maladies de femmes, suite de couches et autres ; draps et coussins à air, en caoutchouc, etc.

Bandages divers ; pessaires toutes variétés ; bas, chaussettes, cuissarts, genouillères pour varices ; ceintures ventrières, etc.

Sustenteurs pour jus de viande, presses pour jus de viande, paravents, veilleuses variées, tasses pour malades, urinoirs d'hommes et de femme en métal ou faïence, bouillotes, bassinoires, aiguille à morphine, lunettes teintées, coquetiers pour maladies d'yeux, etc.

Comme pour la Caisse de l'Orphelinat des Sociétés de Secours Mutuels, nous tenons à donner les noms des membres de la commission du Dispensaire qui a pour président M. Boussin, pour vice-président M. Chotard, pour secrétaire M. Romé et pour trésoriers MM. Bodet et Lepage.

Nous félicitons bien sincèrement tous ces hommes dévoués pour tout le mal et le travail qu'ils se donnent pour mener à bien une semblable entreprise ; et c'est avec bonheur que nous applaudissons aux distinctions honorifiques qui viennent couronner tous leurs efforts.

Il est d'une grande utilité de bien se pénétrer des

services rendus par le Dispensaire. Avec une modeste cotisation annuelle de 1 franc, chaque membre est assuré, en cas de maladie, d'avoir à sa disposition tous les appareils que le médecin jugera à propos d'employer. Sans doute, à la rigueur, chaque société de secours mutuels pourrait avoir ses appareils, mais ce serait vraiment trop cher pour un usage assez rare dans une société particulière, tandis qu'au Dispensaire, dont les membres sont ceux de toutes les sociétés de secours mutuels, l'emploi des objets de pansement est beaucoup plus fréquent, et avec une cotisation moindre on arrive à des résultats meilleurs. Aussi engageons-nous vivement les mutualistes qui n'ont pas encore adhéré à cette société à le faire le plus tôt possible. C'est leur intérêt, car quel est celui parmi les travailleurs qui peut être assuré, en partant le matin à son travail, de revenir sans une blessure plus ou moins grave?

III

Caisse de Réassurance. — Union Générale des Sociétés de Secours Mutuels d'Angers

Il y avait dans les sociétés de secours mutuels une lacune qu'il importait de combler. D'après les règlements, le sociétaire malade ne reçoit de secours que pendant six mois, mais combien d'ouvriers, à la suite d'accidents qui ont attaqué des organes essentiels, restent un an et même plus sans pouvoir se livrer à aucun travail. C'est pour remédier à cet état de choses que des hommes soucieux du bien-être de leurs semblables ont eu l'heureuse idée de fonder une caisse de réassurance.

Cette institution, qui a pris le titre de l'Union Générale des Sociétés de Secours, fut fondée à Angers le 1er juillet 1883.

Le but de l'Union, comme je le disais en commençant ce chapitre, est de secourir les sociétaires malades qui ont subi dans leur société six mois de maladie sans interruption. Ces secours sont accordés à tous les sociétaires atteints d'affections qui les mettent dans l'impossibilité de se livrer à aucun travail, et non pas seulement à la profession qu'ils exerçaient avant leur maladie.

Comme toutes les sociétés, l'Union Générale se compose de membres participants, de membres fondateurs, de membres honoraires et de membres donateurs. Les membres participants ont seuls droit aux secours de la société.

Les sociétés adhérentes sont tenues de s'imposer d'une cotisation extraordinaire de 20 centimes par mois et par membre, payable par trimestre et d'avance. Les sociétés adhérentes à l'Union ne peuvent avoir droit aux secours qu'après six mois de noviciat; et les sociétaires malades depuis six mois sans interruption reçoivent une somme journalière de 1 fr. 50 pendant les six premiers mois, ensuite cette somme sera de 1 franc pendant un an, et après dix-huit mois de maladie, ces sociétaires reçoivent une somme fixe payable mensuellement de 120 francs par an. En outre, les secours de l'Union ne s'effectuent au profit de qui que ce soit qu'après le sixième mois de versement.

Dans l'ancien règlement, il n'y avait que les sociétés appartenant à la ville d'Angers et des Ponts-de-Cé qui avaient le droit de faire partie de l'Union Générale.

Dans leur nouveau règlement s'inspirant des idées de fraternité qui doivent toujours régir les sociétés de secours mutuels, les membres du bureau de l'Union, dans une pensée qu'on ne saurait trop louer, ont décidé que toutes les sociétés de secours mutuels du département de Maine-et-Loire pourraient adhérer à l'Union Générale en fournissant les pièces ci-dessous :

1° Un extrait du procès-verbal où leur demande d'admission aura été adoptée en assemblée générale et signée des membres du Bureau ;

2° Une déclaration attestant leur complète adhésion aux statuts de l'Union Générale ;

3° Le nombre des membres certifié sincère et véritable par le président et le secrétaire.

Les membres qui se trouvent malades au moment de l'adhésion de leur société à l'Union Générale ne pourront être secourus au cours de leur maladie.

Comme dans toutes les sociétés, l'Union Générale est administrée par un Bureau qui se compose d'un président, de deux vice-présidents, d'un secrétaire, d'un secrétaire-adjoint, d'un trésorier, d'un trésorier-adjoint et d'un archiviste ; ce Bureau est élu pour un an par les délégués de l'Union. La société adhérente à l'Union Générale qui aurait un malade à faire secourir, doit adresser au président de l'Union toutes les pièces au moins quinze jours avant que le malade n'ait droit à des secours, de cette façon la commission peut statuer de suite sur le cas du sociétaire malade, et lui octroyer ou lui refuser les secours.

Les pièces que doivent fournir les présidents des sociétés adhérentes à l'Union sont les suivantes :

1° La demande du président de la société à laquelle appartient le malade, avec indication de la date à laquelle ce sociétaire a commencé à recevoir les secours de la société et son adresse.

2° Un certificat du médecin de la société attestant qu'il donne des soins non interrompus depuis six mois au malade proposé.

3° Un certificat de l'un des médecins de l'Union Générale. Tous les quinze jours, au siège de la Société de l'Union Générale, se fait la distribution des secours qui sont remis aux délégués qui font eux-mêmes les versements aux intéressés.

La comptabilité de l'Union Générale est tenue d'une façon irréprochable, et beaucoup de sociétés de secours mutuels devraient prendre exemple sur cette comptabilité qui est, du reste, très simple et bien organisée.

Les assemblées générales de l'Union se tiennent tous les trois mois au siège social ; dans ces assemblées, toutes questions traitant de la mutualité peut y être discutée.

Un des articles les plus importants du règlement de l'Union est celui qui a trait à l'entrée dans un hospice ou dans un hôpital d'un membre de la Société de l'Union Générale.

Cet article dit ceci : « Dans le cas de l'entrée dans un hôpital ou un hospice d'un membre de la Société de l'Union Générale, ce sociétaire ne toucherait que la moitié de l'allocation ; l'autre moitié pourrait, sur sa demande, être affectée à sa femme et à ses enfants mineurs au-dessous de dix-huit ans ou resterait à la caisse de l'Union Générale. Si le sociétaire n'avait ni femme ni enfants mineurs au-dessous de dix-huit ans, la seconde moitié de l'allocation resterait de droit à la caisse de l'Union Générale. »

Le sociétaire qui viendrait à quitter l'établissement qui l'aurait recueilli percevrait intégralement la somme laissée en dépôt ; et, en cas de décès, la somme resterait acquise à l'Union Générale. Si enfin le sociétaire secouru par l'Union Générale venait à décéder chez lui, l'indemnité qui lui serait due, s'il n'avait ni femme ni enfants mineurs au-dessous de dix-huit ans, resterait acquise à l'Union Générale.

Si par hasard un malade se trouvait en traitement hors du département, ce malade devra fournir chaque quinzaine, sous peine de suspension de secours, un certificat du médecin de la localité où il est en traitement; ce certificat devra être visé et légalisé par le maire de cette commune.

Si une société voulait se retirer de l'Union Générale, elle en ferait la déclaration au président de l'Union en remettant à l'appui de sa démission l'extrait du procès-verbal de la séance dans laquelle cette détermination a été prise. Elle devra en outre acquitter de suite et intégralement le montant du trimestre commencé. Cette société démissionnaire n'a droit à aucun remboursement, et les secours constitués en faveur des membres de cette société démissionnaire sont supprimés.

L'Union Générale des Sociétés de Secours Mutuels d'Angers a pour président l'honorable M. Guinoiseau, qui, chaque jour, travaille à la prospérité de l'œuvre dont il est un des fondateurs; pour secrétaire et pour trésoriers MM. Thibault et Triquet, dont l'éloge n'est plus à faire lorsqu'il s'agit, eux aussi, de mutualité.

Cette Union Générale des Sociétés de Secours Mutuels est le couronnement de l'admirable édifice élevé par des hommes charitables pour le soulagement des maux qui viennent à tout moment assaillir l'ouvrier. Chaque société de secours mutuels devrait être parfaitement convaincue de l'utilité pour elle d'adhérer à l'Union Générale : elle donnerait ainsi à ses membres une somme de bien-être plus forte que celle que lui permettent ses règlements, et elle ferait un grand pas pour le soulagement de l'humanité auquel, par essence, elle s'est dévouée.

IV

Syndicat consultatif des Sociétés de Secours Mutuels

Le Syndicat consultatif des Sociétés de Secours Mutuels fut fondé en 1890, sur l'initiative de feu M. Bodet qui en fut le premier président, mais qui démissionna presque aussitôt en faveur de M. Fournier.

Le but de cette association est bien défini par l'article 1er des statuts qui est ainsi conçu :

1° De contribuer autant qu'il pourra à l'extension de la mutualité ;

2° De se renseigner mutuellement sur la meilleure marche à suivre dans la direction des sociétés ;

3° De rechercher et d'obtenir dans la mesure légale tous les avantages possibles pour le bien-être des sociétés ;

4° Son action pourra s'étendre à toutes les Sociétés du département de Maine-et-Loire, mais non en dehors du département.

Dès que le syndicat fut installé définitivement, et sous l'habile impulsion de son président, M. Fournier, dont la compétence en matière de mutualité est indiscutable et incontestée, le syndicat se mit résolument à l'œuvre et diverses questions importantes furent mises à l'étude, et bon nombre résolues pour le plus grand avantage de la mutualité.

C'est ainsi que dès les premières années furent mises à l'étude les questions suivantes :

1° *Arbitrage pour les différends pouvant s'élever entre les sociétaires et leurs sociétés ;*

2° *Création du Syndicat pharmaceutique ;*

3° *Organisation d'un service médical de nuit ;*

4° *Création d'un établissement de bains populaires ;*

5° *Étude de la question médicale ;*

6° *Question des gardes-malades ;*

7° *Spécialités diverses : dentistes ; clinique de M. le Dr Motais, etc., etc.*

Bon nombre de questions, touchant les intérêts de la mutualité angevine, sont à l'ordre du jour, et nous espérons que les membres du Bureau tiendront à honneur à les résoudre dans un bref délai.

Parmi ces questions, il en est une que je me propose de développer dans une des prochaines réunions de ce Syndicat. Cette question se rattache à la fondation des sociétés de secours mutuels rurales. Ne serait-il pas utile qu'un certain nombre de membres de ce syndicat, aillent chaque dimanche dans les communes de notre département qui ne possèdent pas encore de société de secours mutuels, et là, groupant autour d'eux un certain nombre d'habitants, développent les grandes questions qui touchent à la mutualité ; ils parleraient de la fondation de ces sociétés, de leur développement, des avantages si grands que les communes et les administrations municipales devraient posséder ; en un mot, ils se feraient les apôtres de la mutualité. De cette façon, ils propageraient les idées que nous soutenons, et rendraient de puissants et dévoués services aux communes qui, ayant compris tous les bienfaits de la mutualité, viendraient à fonder chez elles une société.

Le Syndicat renouvelle son Bureau tous les ans au mois de janvier : il a pour président l'honorable M. Groleau, dont la compétence en matière de mutualité a été remarquée lors du grand Congrès des sociétés de secours mutuels qui eut lieu à Saint-Étienne au mois de septembre 1895. Tous les mutualistes angevins se rappellent encore le compte rendu si détaillé et si instructif que M. Groleau publia alors. A ses côtés figurent comme vice-présidents M. Boussin, que l'on rencontre dans toutes les bonnes œuvres et M. Triquier. Le secrétaire est M. Roussière et le trésorier M. Denéchère.

Depuis sept ans que le Syndicat fonctionne, il a rendu à la mutualité de grands et précieux services : aussi engageons-nous vivement tous nos collègues des nouvelles sociétés de Maine-et-Loire à faire partie de ce syndicat. En se joignant à nous, ils feront preuve de bon vouloir et désireux de s'instruire des grandes et nobles questions qui se rattachent à la mutualité.

Syndicat pharmaceutique.

Le Syndicat pharmaceutique des Sociétés de Secours Mutuels fut fondé en 1891; depuis longtemps les sociétés de secours mutuels étaient écrasées par les frais toujours croissants de leurs dépenses pharmaceutiques; aussi, peu après sa fondation, le Syndicat consultatif s'empressa-t-il de mettre à l'étude cette importante question.

La commission nommée à cet effet fit adopter, après de longues études, le projet qu'elle avait élaboré, et le système pharmaceutique commença à fonctionner le 1er juillet 1891.

Le syndicat pharmaceutique comprend actuellement trente-cinq sociétés dont quelques-unes ne font pas partie du Syndicat consultatif.

Voici du reste un extrait de son règlement qui donnera une idée de ce système.

1° Les Sociétés adhérentes versent une cotisation de *deux francs* par membre participant ; cette cotisation est payable par trimestre et d'avance, à partir du 1er janvier; toutefois, pour ne pas gêner le bon fonctionnement des sociétés, il leur est accordé, pour se libérer, jusqu'au lendemain de leur réunion trimestrielle.

2° Les femmes des membres participants sont admises à l'abonnement sur la présentation et sous la garantie de la société de leurs maris. Elles doivent fournir un certificat du médecin de leur société constatant leur état de santé lors de leur demande d'admission.

3° Les enfants des sociétaires jouissent des mêmes avantages jusqu'à leur âge d'admission comme membres participants de leurs sociétés ; à cet âge, ils sont radiés d'office de la liste des enfants. Tous les enfants de la même famille doivent être abonnés.

4° Lors de l'admission des enfants, les présidents doivent fournir un certificat du médecin et un bulletin indiquant les noms, prénoms et dates de naissance des enfants ; ce bulletin est remis au trésorier du Syndicat lors du versement de la première cotisation.

5° A chaque versement trimestriel est joint un certificat signé du président de chaque société constatant le nombre des membres participants des femmes et enfants, et les noms des abonnés ayant, pour un motif quelconque, cessé d'avoir droit à la pharmacie.

6° Si par suite de déclarations erronées, la pharmacie fournit indûment des remèdes, le montant en est remboursé, au prix du tarif, par la société qui aura fourni ces renseignements.

7° Les médicaments ne sont fournis aux abonnés que sur la présentation d'une ordonnance du médecin ; cette ordonnance doit en outre porter, sous peine de refus, le nom de la société soit imprimé, soit écrit de la main du médecin.

8° Chaque sociétaire doit fournir les bouteilles et vases nécessaires pour emporter ses remèdes, sinon il devra verser une somme de 10 centimes ou 20 centimes, qui lui est remise en échange du vase confié par la pharmacie.

9° La pharmacie fournit tous les remèdes ordonnés par les médecins, même les spécialités, *lorsqu'il n'existera pas à la pharmacie de remède analogue.*

10° Tout sociétaire ayant une réclamation à faire au sujet de la pharmacie doit la transmettre soit directement, soit par son président, au président ou aux membres de la Commission de surveillance de la pharmacie. Une réduction de 50 0/0 est faite aux familles des sociétaires sur le tarif de la pharmacie, dont un exemplaire est délivré à tout intéressé moyennant la somme de 10 centimes.

Ce système a rendu jusqu'à ce jour d'immenses services aux sociétés en réduisant dans des proportions de 50 0/0 les dépenses qu'elles avaient autrefois. Nous devons, pour rendre justice à chacun, déclarer que les pharmaciens de la ville d'Angers, reconnaissant que les tarifs d'autrefois étaient trop élevés, se sont syndiqués et, croyons-nous, ont pris des mesures pour arriver de leur côté à donner toute satisfaction sous le rapport des prix et des médicaments aux sociétés de secours mutuels qui, n'étant pas abonnées au Syndicat pharmaceutique, leur ont continué leur confiance.

Le Syndicat pharmaceutique est administré par une commission composée de sept membres, dont les fonctions sont de veiller à ce que les médicaments fournis aux sociétaires soient de première qualité et que les produits soient pris dans des maisons de premier ordre, ils doivent aussi régler les différends qui surgissent entre les sociétaires ou sociétés et le pharmacien ; enfin ils doivent veiller à la stricte exécution du règlement.

Comme on le voit, le Syndicat pharmaceutique est une branche spéciale de la mutualité et non une des moins importantes. Son président actuel est M. Canué qui a été un des principaux coopérateurs de sa fondation et qui a su, par sa fermeté et son tact, aplanir les nombreuses difficultés qui ont été suscitées dans les premières années de l'adoption de ce système. Aujourd'hui son existence et son utilité sont indiscutées, et le Syndicat fonctionne admirablement pour le plus grand bien des sociétés qui ont eu l'heureuse inspiration d'y adhérer.

CONCLUSION

Nous sommes convaincus que tous ceux qui liront ces quelques lignes seront frappés par la simplicité d'organisation des sociétés de secours mutuels et en même temps par les services innombrables qu'elles rendent chaque jour. Le nombre des ouvriers secourus chaque année par les différentes sociétés dans toute la France est vraiment incalculable, et ce nombre ne fera que croître à mesure que les campagnes, qui seules sont encore réfractaires, suivront l'exemple des villes. Nous engageons tous les hommes d'initiative des campagnes le maire ou un conseiller municipal si c'est possible, à grouper autour d'eux les travailleurs, et aidés de personnes charitables, au bout de peu de temps, ils seront étonnés eux-mêmes des services énormes rendus par ces sociétés, une des plus nobles inventions d'un siècle qui a déjà tant fait pour le bien-être matériel et moral de l'ouvrier.

TABLE DES MATIÈRES

Pages.

LETTRE DE Mme LABOULAIS V
LETTRE DE M. LE Dr BICHON VII
LA MUTUALITÉ, SONNET. L. NARQUET VIII
AVANT-PROPOS IX
CHAPITRE Ier. — Origine des sociétés de secours mutuels. 1
CHAPITRE II. — Les Sociétés de secours mutuels. — Leurs buts 5
CHAPITRE III. — Organisation des sociétés de secours mutuels. — Pensions et retraites. 11
CHAPITRE IV. — 1. Caisse de l'Orphelinat des Sociétés de Secours Mutuels. — 2. Dispensaire et Bibliothèque des Sociétés de Secours Mutuels. — 3. Union Générale des Sociétés de Secours Mutuels. — 4. Syndicat consultatif des Sociétés de Secours Mutuels. — 5. Syndicat pharmaceutique des Sociétés de Secours Mutuels de la ville d'Angers 29
CONCLUSION. 51

Angers. — Imprimerie de A. Burdin.

ANGERS, IMP. DE A. BURDIN, 4, RUE GARNIER.

www.ingramcontent.com/pod-product-compliance
Ingram Content Group UK Ltd.
Pitfield, Milton Keynes, MK11 3LW, UK
UKHW020344250726
13967UKWH00005B/2108